BEI GRIN MACHT SICH IHR WISSEN BEZAHLT

- Wir veröffentlichen Ihre Hausarbeit, Bachelor- und Masterarbeit

- Ihr eigenes eBook und Buch - weltweit in allen wichtigen Shops

- Verdienen Sie an jedem Verkauf

Jetzt bei www.GRIN.com hochladen und kostenlos publizieren

Bibliografische Information der Deutschen Nationalbibliothek:

Die Deutsche Bibliothek verzeichnet diese Publikation in der Deutschen National-
bibliografie; detaillierte bibliografische Daten sind im Internet über http://dnb.d-
nb.de/ abrufbar.

Impressum:

Copyright © 2014 GRIN Verlag, Open Publishing GmbH
Druck und Bindung: Books on Demand GmbH, Norderstedt Germany
ISBN: 9783668364035

Dieses Buch bei GRIN:

http://www.grin.com/de/e-book/347052/doping-im-amerikanischen-high-school-
sport-verbreitung-und-ursachen

Patrick Hoffmann

Doping im amerikanischen High School-Sport. Verbreitung und Ursachen

GRIN Verlag

GRIN - Your knowledge has value

Der GRIN Verlag publiziert seit 1998 wissenschaftliche Arbeiten von Studenten, Hochschullehrern und anderen Akademikern als eBook und gedrucktes Buch. Die Verlagswebsite www.grin.com ist die ideale Plattform zur Veröffentlichung von Hausarbeiten, Abschlussarbeiten, wissenschaftlichen Aufsätzen, Dissertationen und Fachbüchern.

Besuchen Sie uns im Internet:

http://www.grin.com/

http://www.facebook.com/grincom

http://www.twitter.com/grin_com

Hans-Carossa-Gymnasium   Landshut   Abiturjahrgang 2013/15

SEMINARARBEIT

Rahmenthema des Wissenschaftspropädeutischen Seminars:
Sport in Schule und Verein
Leitfach: **Sport**

Thema der Arbeit:
Doping im amerikanischen High School-Sport:

Verbreitung und Ursachen

Verfasser:
Patrick Hoffmann

Abgabetermin: 4. November 2014

Datum und Unterschrift des Kursleiters

Inhaltsverzeichnis

1. Einleitung

„Die Dopingproblematik im Sport wird in der heutigen Gesellschaft überwiegend im Zusammenhang mit dem Spitzen- und dem Hochleistungssport thematisiert. Insbesondere nach den positiven Dopingbefunden bei der Tour de France 2006 sowie nach den Fabelweltrekorden von Usain Bolt und Michael Phelps bei den Olympischen Sommerspielen 2008 in Peking wuchs das globale Medieninteresse am Doping im Spitzensport. [...]

Demgegenüber bleibt die Dopingsituation des Freizeit- und Breitensport unterthematisiert und in vielerlei Hinsicht gänzlich unbeachtet" (Hansmeister 2009, S.4). „Da es auf den unteren Ebenen des wettkampforientierten Breitensports und im Freizeitsport jenseits des Wettkampfsystems keine Dopingkontrollen gibt, ist hier die Intransparenz der Dopinggeschehnisse besonders hoch" (Kläber 2009).

Es ist anzunehmen, dass beispielsweise im High School-Sport die Einnahme von Dopingmitteln ähnlich weit verbreitet ist wie im Profisport. (vgl. Hansmeister 2009) So ergaben beispielsweise verdeckte Ermittlungen im Juli 2008 im ländlichen St. Landry Parish, Louisiana, im Bereich der Fitness-Studios den größten Fund anaboler Steroide in der gesamten Region. Über 1/5 der Käufer waren Schüler aus umliegenden High Schools (vgl. Oldörp 2009)

Vor diesem Hintergrund sollen im Rahmen dieser Seminararbeit die Verbreitung und die Ursachen des Dopings im amerikanischen High School-Sport geklärt werden.

Zunächst gehe ich genauer auf den Begriff Doping ein und erläutere welche Formen von Doping häufig zum Einsatz kommen. Außerdem soll geklärt werden, wie stark die Verbreitung ist sowie in welchen High School-Sportarten Doping am häufigsten stattfindet. Zudem sollen die Ursachen des Dopings und die Motivation der Konsumenten ermittelt werden. Auch sollen bereits getroffene Gegenmaßnahmen genannt werden. Anhand all dieser Ergebnisse werde ich weitere mögliche Lösungsansätze für die Dopingproblematik an amerikanischen High Schools erarbeiten.

2. Definition von Doping

Der Begriff Doping kommt ursprünglich aus dem Afrikaans und entstand dadurch, dass die Einheimischen auf Festen Schnaps mit einer stimulierenden Wirkung getrunken haben, den so genannten „Dop". Aus dem Afrikaans gelang das Wort dann in die englische Sprache und wurde dort zunächst als Begriff für leistungssteigernde Mittel, die Pferden bei Rennen verabreicht wurden, verwendet. Der Begriff erschien erstmals 1889 in einem englischen Lexikon und bezeichnete die Vergabe einer Mischung aus Narkotika und Opium an Rennpferde. (vgl. Verroken 2000) Im Laufe der Jahre haben sich verschiedene Definitionen von Doping ergeben. So wurde bei der Welt-Doping-Konferenz 1999 in Lausanne, auf Grundlage eines Entwurfs des Internationalen Olympischen Komitees (IOC), folgende Definition festgelegt:

> „[...],which is defined as the use of an artifice, whether substance or method, potentially dangerous to athletes' health and/or capable of enhancing their performances, or the presence in the athlete's body of a substance, or the ascertainment of the use of a method on the list annexed to the Olympic Movement Anti-Doping Code" (nach cycling4fans.de (o.A.) (o.J.))

Übersetzung:

> „Doping wird definiert als Gebrauch einer künstlichen Substanz oder Methode, die die Gesundheit der Athleten gefährden und/oder ihre Leistung steigern kann, oder die Anwesenheit einer solchen Substanz im Körper des Athleten oder die Feststellung des Gebrauchs einer Methode, die im Anhang des Codes aufgelistet ist" (nach cycling4fans.de (o.A.) (o.J.))

Heutzutage gilt jedoch für fast alle Sportarten die Definition der „World Anti-Doping Agency" (WADA). „Die WADA definiert Doping als das Auftreten mindestens eines der folgenden Verstöße gegen die Anti-Doping-Regeln:

1. „Das Vorhandensein eines verbotenen Wirkstoffs, seiner Stoffwechselprodukte oder Marker im Körpergewebe oder in einer Körperflüssigkeit eines Athleten

2. Die Anwendung oder der Versuch der Anwendung eines verbotenen Wirkstoffs oder einer verbotenen Methode

3. Verweigerung oder Versäumnis einer Probennahme

4. Verstoß gegen die Vorschriften einschließlich der Angaben zum Aufenthaltsort bei Kontrollen außerhalb der Wettkämpfe

5. Heimliche Beeinflussung der Dopingkontrolle

6. Besitz eines verbotenen Wirkstoffs oder einer verbotenen Methode auch durch das Hilfspersonal eines Sportlers

7. Das In-den-Verkehr-Bringen von verbotenen Wirkstoffen oder verbotenen Methoden

8. Die Verabreichung/Anwendung oder versuchte Verabreichung/Anwendung von verbotenen Wirkstoffen oder verbotenen Methoden" (Nickel/Rous, 2007, S.156)

3. Verschiedene Arten von Doping

Da Doping nur ein allgemeiner Begriff für leistungssteigernde Mittel ist, muss zwischen den verschiedenen Mitteln und Substanzen differenziert werden, weil sie unterschiedlich wirken und somit in verschiedenen Sportarten Anwendung finden. Allgemein lässt sich jedoch sagen, dass jedes Dopingmittel Gefahren und Nebenwirkungen mit sich bringt. In folgendem Text soll näher auf die verschiedenen Stoffe, die sich eventuell für das dopen im High School-Sport eignen, in Bezug auf Wirkungsweise und Nebenwirkungen, eingegangen werden.

3.1 Stimulanzien

Als Stimulanzien werden Stoffgruppen bezeichnet, welche zu einer Aktivitätserhöhung des zentralen Nervensystems führen. Sie weisen eine ähnliche Struktur wie körpereigene Katecholamine, zu denen unter anderem Adrenalin und Noradrenalin gehören, auf. Zu den Stimulanzien gehören beispielsweise: Amphetamin, Methamphetamin, Carphedon, und viele weitere. So auch zum Beispiel Ephedrin, welches wegen seiner bronchodilatatorischen Wirkung bis Mitte der 1980er-Jahre in der Humanmedizin bei Asthmaerkrankungen als Arzneimittel verwendet wurde. Neben der zentralstimulierenden Wirkung weisen Stimulanzien noch andere Effekte auf. Sie unterdrücken das Ermüdungsgefühl und sorgen für ein Gefühl erhöhter Auffassungsgabe. Zudem sorgen sie für eine Steigerung des Selbstbewusstseins und erhöhen das Konzentrationsvermögen.

Da Stimulanzien unter hoher körperlicher Belastung eingenommen werden und daneben noch Umstände wie Hitze und Dehydrierung hinzukommen können, entsteht für die Sportler eine mögliche Lebensgefahr. Dies bezeugen die Todesfälle von Knud Jensen, der an den Olympischen Sommerspielen 1960 in Rom teilnahm und von Tom Simpson, welcher bei der Tour de France 1967 partizipierte.

Bei akutem Missbrauch können Stimulanzien folgende Nebenwirkungen aufweisen: Schwindel, Reizbarkeit, Streitbarkeit, Nervosität, Schlafstörungen, Blutdruckerhöhungen und Magersucht. Bei chronischem Missbrauch treten Nebenwirkungen, wie Sucht, Verhaltensstörungen, psychische Abhängigkeit, Persönlichkeitsveränderungen und eine Toleranzentwicklung, die zu einer Erhöhung der Dosierung führt, auf.

(vgl. Nickel/Rous 2007, S.158f.) (vgl. Moyes/Schulte 2007)

3.2 Narkotika

Unter Narkotika versteht man verbotene opidoidartige Analgetika vom Morphintyp. Somit sind nichtopidoithaltige Analgetika, wie beispielsweise Naproxen, Aspirin oder Voltaren erlaubt. Narkotika werden oft von Sportlern verwendet, die aufgrund einer Verletzung Schmerzen empfinden, um eine Leistungsminderung durch Schmerzen zu vermeiden. (vgl. Rost 2001, S.138ff.) Sie werden oft zusammen mit Stimulanzien verwendet um einen Leistungsrausch auszulösen und Schmerzsignale zu unterdrücken (vgl. Feiden/Blasius 2002). „Aber auch die Nutzung von Nebeneffekten sowie die Einnahme ohne brauchbare Erklärung muss angenommen werden" (Nickel/Rous 2007, S.165). Da sich alle Substanzen chemisch vom Morphin ableiten lassen haben sie sehr ähnliche Wirkungen und Nebenwirkungen. Als Nebenwirkungen können Übelkeit, Opiatsucht, Schwindel und Verstopfung auftreten. Bei einer Überdosis kann es zu einer Morphinvergiftung kommen, welche eine

Atemlähmung zur Folge hat die tödlich enden kann. (vgl. Bant/Haas/Ophey/Steverding 2011)

3.3 Anabole Steroide

Anabole Steroide, oft auch nur Anabolika genannt, sind synthetische Derivate des im Menschen natürlich vorkommenden Hormons Testosteron. Sie finden aufgrund ihrer sowohl anabolen (muskelaufbauend) als auch androgenen (Ausprägung der männlichen Geschlechtsmerkmale wie Körperbehaarung etc.) Wirkung kaum noch eine Anwendung im medizinischen Bereich. (vgl. Arndt/Singler/Treutlein 2004) Somit werden sie fast ausschließlich zur illegalen Leistungssteigerung verwendet und sind eines der am meisten genutzten Dopingmittel. Anabolika beschleunigen den Aufbau der Skelettmuskelmasse und führen zu einer Abnahme des Körperfetts. Zudem bewirken sie eine Steigerung der Hämoglobinkonzentration, was eine Erhöhung der Geschwindigkeit des Sauerstoff-Transports zur Folge hat. (vgl. Meyer 2005) Jedoch ist zu bedenken, dass anabole Steroide zahlreiche Nebenwirkungen aufweisen. Sie verursachen Akne und Wassereinlagerungen in das Gewebe. Darüber hinaus modifizieren sie den Fettstoffwechsel so weit, dass das Risiko für einen Herzinfarkt ziemlich hoch ist. Bei Frauen ist außerdem die androgene Wirkung sehr gut zu beobachten, da bei diesen neben einer irreversiblen Stimmvertiefung auch Symptome wie Bartwuchs, eine Vergrößerung der Klitoris oder ein veränderter Menstruationszyklus auftreten können. Ebenso gibt es auch Nebenwirkungen von denen nur Männer betroffen sind. Diese machen sich, ähnlich wie bei den Frauen, bei den primären und sekundären Geschlechtsmerkmalen bemerkbar. So kann es beispielsweise zu Brustwachstum oder zu einer Verminderung des Hodenvolumens und der Anzahl der Spermien kommen. Des Weiteren besteht für Kinder und Jugendliche die Gefahr eines vorzeitigen Wachstumsstopps durch eine verfrühte Schließung der Wachstumsfugen in den Knochen. Ebenfalls können unabhängig von Geschlecht oder Alter psychische Veränderungen wie ein Euphorisches Gefühl, gesteigerte Aggressivität und eine Steigerung oder Abschwächung des Sexualtriebs eintreten. (Rost 2001, S.144)

3.4 Erythropoietin (EPO)

Das Glykoprotein Erythropoietin wird in der Niere gebildet und regt in den Knochenmark-Stammzellen die Produktion von Erythrozyten (rote Blutkörperchen) an. Daraus resultiert ein erhöhter Erythrozyten-Wert, was einen verbesserten Sauerstofftransport zur Folge hat. Bei Menschen, die wegen einer Nierenerkrankung zu wenig EPO herstellen und ihre Erythrozyten-Anzahl somit zu gering ist wird gentechnisch hergestelltes EPO als Medizin eingesetzt. Dieser Effekt wird jedoch zunehmend von Sportlern missbraucht, da sie eine höhere Ausdauerleistung, ähnlich wie beim Höhentraining, anstreben. (Rost 2001, S.147f). Ebenso kommt der erhöhte Sauerstofftransport der Muskelhöchstleistung zu gute, weswegen EPO nicht nur im Ausdauersport eingesetzt wird. Bei der Einnahme von EPO erhöht sich der Feststoffgehalt des Blutes, der durch den Hämatokrit-Wert gemessen werden kann. Aufgrund des steigenden Feststoffgehalts im Blut wird dieses dickflüssiger und es können deshalb Nebenwirkungen wie Thrombosen und Embolien auftreten. Zudem wird der Kreislauf strapaziert was, unter körperlicher Belastung, Zusammenbrüche bis hin zum Tod zur Folge haben kann (vgl. Müller 2004)

4. Verbreitung von Doping unter amerikanischen High School-Schülern

In diesem Abschnitt soll, unter Verwendung von bereits getätigten Umfragen, geklärt werden wie hoch die Verbreitung einzelner Dopingmittel unter amerikanischen High School-Schülern und Schülerinnen ist. Ergebnisse einiger Befragungen zeigen, dass fast 10% der männlichen Jugendlichen bereits Anabolika zu sich genommen haben. Unter weiblichen Jugendlichen konsumieren ca. 1,5% bis 2,5% Anabolika. Ein großes Problem ist die leichte Verfügbarkeit anaboler Steroide auf dem Schwarzmarkt. In einer Umfrage, bei der 1235 Jugendliche teilnahmen, erklärten 48%, dass sie Zugang zu Anabolika hätten. Zudem gaben 12% der befragten Jugendlichen an sehr leicht zu anabolen Steroiden kommen zu können. Schockierend ist, dass selbst von den Nichtkonsumenten 24% der Befragten wissen woher sie Anabolika beziehen können. Sieben Prozent von ihnen gaben an schon einmal das Angebot bekommen zu haben anabole Steroide zu erwerben. Problematisch ist auch, dass einem Drittel aller Jugendlichen keine Nebenwirkungen von Anabolika bekannt sind. Elf Prozent denken sogar, dass sie bei ordnungsgemäßer Einnahme keine unerwünschten Nebeneffekte zu erwarten haben. (vgl. Gießing 2002) Beim Wachstumshormon (HGH) kommen die Befragungen zu ähnlichen Ergebnissen. So gaben zum Beispiel, in einer 2013 getätigten Umfrage, elf Prozent der 3705 befragten High School-Schüler an schon einmal HGH genutzt zu haben. Davon waren neun Prozent weiblich und zwölf Prozent männlich. (vgl. New York Post 2014)

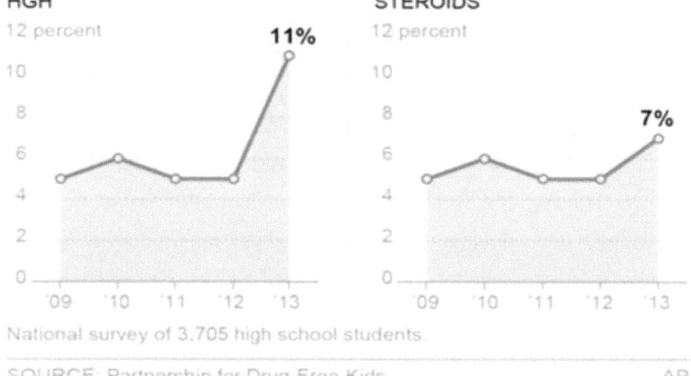

More teens using HGH and steroids
Use of human growth hormone by American teens more than doubled last year, according to a confidential national survey. Teen steroid use also rose in that period.

Teens reporting unprescribed use at least once in lifetime

HGH   STEROIDS

11%

7%

'09 '10 '11 '12 '13   '09 '10 '11 '12 '13

National survey of 3,705 high school students.

SOURCE: Partnership for Drug-Free Kids   AP

Abbildung 1 (QUELLE: New York Post 2014)

Anhand dieser Grafiken kann man erkennen, dass sowohl der Konsum von Wachstumshormonen, als auch der Konsum anaboler Steroide in den letzten Jahren angestiegen ist. Ein entscheidender Faktor über den Konsum illegaler leistungssteigernder Mittel ist zudem die ausgeübte Sportart. So wird bei Sportarten, wie zum Beispiel American Football, Gewichtheben, Leichtathletik, Schwimmen und Radfahren öfter gedopt als bei anderen. Auch das Einstiegsalter variiert und hängt von Umständen wie Familie, Sportart und Dopingmittel ab. Eine Studie an der fast 1000 High School-Schüler, welche American Football spielen, teilnahmen stellte fest, dass das durchschnittliche Einstiegsalter für den Konsum anaboler Steroide bei ca.

14 Jahren liegt. 15% der Befragten nahmen illegale leistungssteigernde Mittel sogar noch vor dem Erreichen des zehnten Lebensjahres. (David. 2005, S.106)

5. Ursachen für das Dopen amerikanischer High School-Schüler

Ein Grund für die immense Verbreitung von Doping unter High School Schülern in den Vereinigten Staaten könnte das dortige Verfahren der Vergabe von Sportstipendien sein. Dabei wird sehr erfolgreichen Sportlern eine kostenlose Hochschulausbildung möglich gemacht, welche ansonsten ziemlich kostspielig wäre. So ergab eine Befragung von jugendlichen Sportlern, die nach dem Beweggrund für das praktizieren ihrer Sportart gefragt wurden, dass 22,4% der Anabolikakonsumenten den Erhalt eines Collegestipendiums als ausschlaggebenden Beweggrund angaben, währenddessen nur 9,1% der Nichtkonsumenten das Collegestipendium als Motivation angegeben haben. (vgl. Gießing 2002) Dies bekräftigt die oben genannte These, dass Schüler Dopingmittel zu sich nehmen um Stipendien zu erhalten. Jedoch gibt es noch andere Gründe, welche von komplexen Faktoren, wie zum Beispiel sozialen Trends, den Einfluss falscher Vorbilder oder dem Leistungsdruck beeinflusst werden. Heutzutage wachsen Kinder und Jugendliche, die intensives Training und wettkampforientierte Sportarten betreiben, zunehmend in einem leistungs- und erfolgsorientiertem Umfeld auf, indem nur Erfolg und Ruhm zählen. Deshalb werden sie schon ziemlich früh mit starken körperlichen und geistigen Herausforderungen konfrontiert. So kann es schon einmal vorkommen, dass 15 Jahre alte Jugendliche, welche in professionellen Teams spielen, legale und illegale leistungssteigernde Mittel zu sich nehmen, um sich den gesteigerten körperlichen Belastungen anzupassen. Des Weiteren ist es in der heutigen gewinnorientierten Gesellschaft nicht unüblich, dass Sportler dazu verleitet werden leistungssteigernde Mittel zu nutzen um ihre Erfolgschancen zu erhöhen. So ergab eine Studie, dass ein Viertel der befragten jugendlichen Athleten behaupteten zum dopen überredet worden zu sein, um beispielsweise ein Collegestipendium zu erhalten oder sich für die professionellen Liegen zu qualifizieren. (vgl. David. 2005, S.107) Laut dem Präsidenten der „Partnership for Drug-Free Kids" spielen die High School-Trainer eine große Rolle in dieser Problematik. Nach seinen Angaben würde jeder dritte Trainer Doping in Kauf nehmen um zu gewinnen. (vgl. New York Post 2002)

6. Anti-Doping-Maßnahmen im High School-Sport

Aufgrund der vielen Nebenwirkungen der verschiedenen Dopingmittel und der steigenden Anzahl der Konsumenten wurden schon einige Gegenmaßnahmen getroffen. Eine davon ist beispielsweise das „Texas State High-School Drug-Testing Program". Es ist, nach New Jersey und Florida, das Dritte landesweite Doping-Test Programm in den USA und wird von „Drug Free Sport" verwaltet. Dabei werden drei Prozent der 742341 High School-Sportler auf Dopingsubstanzen getestet. Der Test läuft folgendermaßen ab: Gleichgeschlechtliche Aufpasser bzw. Zeugen begleiten die Schüler zu den Toiletten, wo diese ihre Hosentaschen ausleeren müssen. Der Schüler betritt die Kabine und gibt eine Urinprobe ab, während der Aufpasser außerhalb der Kabine wartet. Durch blaugefärbtes Toilettenwasser besteht keine Möglichkeit für die Schüler ihre Urinprobe heimlich mit Wasser zu verdünnen, was das Ergebnis der Probe verfälschen könnte. Test zum pH-Wert und zum Wasserhaushalt werden noch vor Ort getätigt. Danach wird die Probe zu einem Labor geschickt. Verboten sind alle Substanzen, die auf der Liste der „National Collegiate Athletic Association" (NCAA) stehen. Diese Liste beinhaltet unter anderem anabole Steroide, Stimulanzien, „Straßendrogen" und Peptidhormone. (vgl. NCAA 2013) Das Doping-Test Programm findet jedes Jahr statt. Es könnte zu jeder Zeit jeder Schüler aus jeder High School-Sportart irgendwann im Schuljahresverlauf getestet werden. Falls man positiv getestet wird, wird man für 30 Tage von seinem Sport suspendiert. Zudem muss man an einem weiteren Doping-Test teilnehmen. (vgl. Drug Free Sport 2008) Kritiker behaupten jedoch, dass das Doping-Test Programm in Texas einige Defizite aufweist. So können die Schüler zum Beispiel in dem Sommerferien illegale leistungssteigernde Mittel zu sich nehmen, da die Drogen-Tests nur während des Schuljahres stattfinden. Zudem werden die Tests von einigen Leuten als skeptisch betrachtet, da es für einige Leute unvorstellbar ist, dass während des 2007/2008 Schuljahres von den drei Prozent der über 700000 Sportler nur zwei positive Tests gemeldet wurden. So behauptet auch Gary I. Wadler, Vorsitzender des WADA Komitees für verbotene Substanzen, es sei praktisch unmöglich, dass in Texas, nur zwei Tests positiv ausfielen, da dort High School-Football sehr beliebt ist und weil Texas eine Grenze zu Mexiko, von wo viele anabole Steroide in die USA geschmuggelt werden, besitzt (vgl. Longmann 2008) Eine weitere Gegenmaßnahme sind Präventionsveranstaltungen und Projekte um die jungendlichen Sportler und Sportlerinnen aufzuklären. Zum Beispiel die Taylor Hooton Stiftung, welche zu tausenden Schülern in Sommercamps und auf Schulversammlungen spricht. (vgl New York Post 2014)

7. Weitere mögliche Gegenmaßnahmen und Fazit

Ich finde, dass die Schülerinnen und Schüler härtere Strafen als die in sechstens erwähnte 30 Tage Suspendierung erhalten sollen. Meiner Meinung nach ist eine 30 tägige Suspendierung von einer Sportart eine viel zu geringe Strafe, wenn man bedenkt, wie sehr die eingenommenen Mittel dem Körper schaden. Zudem finde ich, dass die Strafe eine abschreckende Wirkung nach außen haben sollte, damit so etwas nicht noch einmal vorkommt. Für mich wäre deswegen eine Geldstrafe, sowie eine drei bis sechs monatige Suspendierung vom Sport angemessen. Ebenfalls denke ich, dass die Dopingkontrollen lieber auf landesweiter Ebene und nicht nur in den einzelnen Bundesstaaten stattfinden sollen, da es meiner Meinung nach die Koordinierung erleichtern würde und jeder High School-Sportler in den USA gleich behandelt werden sollte. Da die Zahl der Dopingkonsumenten immer noch jährlich ansteigt, ist gerade die Prävention sehr wichtig. Leider sind sich immer noch viele Jugendliche der Nebenwirkungen von den verschiedenen Dopingsubtanzen gar nicht bewusst bzw. wollen diese nicht wahrhaben. Es ist wichtig mit der Zeit zu gehen und sich nicht nur auf altbewerte Präventionsmethoden zu verlassen. Man könnte versuchen mit Hilfe von neuen Medien, wie zum Beispiel „Facebook", „Youtube" etc., gezielter junge Leute auf die Dopingproblematik aufmerksam zu machen. Gerade über das Internet kann man viele Schüler erreichen und ich kann mir vorstellen, dass diese Medien die Schüler wirkungsvoller ansprechen als beispielsweise Flyer. Zudem sollte es gerade in den unteren Jahrgangsstufen verstärkt schulinterne Präventionsprojekte geben, um die Jungendlichen schon in jungen Jahren aufzuklären und ihnen die zahlreichen Nebenwirkungen von Doping aufzuzeigen. Des Weiteren sollte man sich zudem bemühen die Eltern, mit Hilfe von Informationsveranstaltungen, aufzuklären. Damit diese schon sehr früh erste Anzeichen des Dopingkonsums bei ihren Kindern erkennen können und sofort richtig handeln können. Abschließend lässt sich sagen, dass in den Vereinigten Staaten schon einiges gegen Doping im High School-Sport getan wird, aber auch noch viel getan werden muss.

8. Literaturverzeichnis

ARNDT, NICOLE/SINGLER, ANDREAS/TREUTLEIN GERHARD: Sport ohne Doping - Argumente und Entscheidungshilfen für junge Sportlerinnen und Sportler und Verantwortliche in deren Umfeld. Deutsche Sportjugend (dsj), Frankfurt am Main 2004. S.58f. URL: http://www.frankslaufseite.de/pdf/dsj_sport_ohne_doping_broschuere.pdf (Stand: 20.10.2014)

BANT, HARALD/HAAS, HANS-JOSEF/OPHEY, MARTIN/STEVERDING, MIKE: Sportphysiotherapie. Georg Thieme Verlag, Stuttgart 2011. S.331

CYCLING4FANS (o.A.): Die Geburt der Welt-Anti-Doping-Agentur WADA. In: Cycling4Fans, (o.J.) URL: http://www.cycling4fans.de/index.php?id=4512 (Stand: 16.10.2014)

DAVID, PAULO: Human Rights in Youth Sport. Routledge Verlag, Abingdon 2005. S.106, S,107

Drug Free Sport (o.A.): Texas Drug-Testing Program. In: Drug Free Sport, 2008. URL: http://www.drugfreesport.com/newsroom/insight.asp?VolID=41&TopicID=7 (Stand: 23.10.2014)

FEIDEN, KARL/BLASIUS, HELGA: Doping im Sport: Wer - Womit - Warum. Wissenschaftliche Verlagsgesellschafft, Stuttgart 2002.

GIEßING, JÜRGEN: Fitness-Studios und Muskelpillen: Doping als Phänomen des Breitensports. In: dvs-Informationen, 2002. S.2, URL: http://www.sportwissenschaft.de/fileadmin/pdf/dvs-Info/2002/2002_4_24.pdf (Stand:22.10.2014)

HANSMEISTER, TILL: Doping im Freizeit- und Breitensport - Eine empirische Studie unter besonderer Berücksichtigung des Langstreckenlaufs. (unveröffentlicht), 2009. S.4. URL: http://www.scribd.com/doc/19270189/Doping-im-Freizeit-und-Breitensport (Stand: 15.10.2014)

KLÄBER, MISCHA: Medikamentenmissbrauch im Freizeit- und Breitensport - exemplifiziert am Doping in Fitness-Studios, 2009. S.3. URL:

http://www.jensweinreich.de/wp-content/uploads/2009/05/1-klaeber.pdf
(Stand: 15.10.2014)

LONGMANN, JERÉ: High Schools Take on Doping With No Consensus on Strategy.
In: New York Times, 2008. URL:
http://www.nytimes.com/2008/11/28/sports/28doping.html?pagewanted=all&_r=1&
(Stand: 23.10.2014)

MEYER, ELISABETH UTA: Der gesellschaftliche Doping-Diskurs. Analysen zum
Dopingproblem und mögliche Lösungsstrategien. (unveröffentlicht), 2005. S.16f.
URL: http://www.grin.com/de/e-book/54094/der-gesellschaftliche-doping-diskurs-
analysen-zum-dopingproblem-und-moegliche

MOYES, CHRISTOPHER D./SCHULTE, PATRICIA M.: Tierphysiologie -
Umfassendes Lehrbuch mit vierfarbiger Bebilderung. Pearson Education
Deutschland GmbH, München 2007. S.357

MÜLLER, RUDHARD KLAUS: Doping - Methoden, Wirkungen, Kontrolle. C. H. Beck
Verlag, München 2004. S. 43f.

NCAA (o.A.): 2013-14 NCAA Banned Drugs. In: NCAA, 2013. URL:
http://www.ncaa.org/health-and-safety/policy/2013-14-ncaa-banned-drugs (Stand:
23.10.2014)

NEW YORK POST (o.A.): Growth hormone use exploding among high school teens.
In New York Post, 2014. URL: http://nypost.com/2014/07/23/growth-hormone-use-
exploding-among-high-school-teens/ (Stand: 22.10.14)

NICKEL, RÜDIGER/ROUS, THEO: Das Anti-Doping-Handbuch - Band 1:
Grundlagen. Meyer & Meyer Verlag, Aachen 2007. S.156, S.158f.,S.165

OLDÖRP, HEIKO: Doping an der Highschool: Pillen fürs Stipendium. In: ZEIT
ONLINE, 2009. URL: http://www.zeit.de/online/2009/03/doping-high-school-usa
(Stand: 15.10.2014)

ROST, RICHARD: Lehrbuch der Sportmedizin - Unter Mitarbeit von H.-J. Appell, C.
Graf, U. Hartmann, W. Menke, P. Platen, H.-G. Predel, W. Schänzer, D. Schnell, K.

Schüle, I. U. Wilczkowiak. Deutscher Ärzte-Verlag, Köln 2001. S.138ff., S.144, S.147f.

VERROKEN, M.: Drug use and abuse in sport. In: Baillieres Best Pract Res Clin Endocrinol Metab 14, 2000. PMID: 10932807 URL: http://www.ncbi.nlm.nih.gov/pubmed/10932807